AF197066

Horst-Peter Sadewasser

Zahn um Zahn

Heiteres aus dem Dentalbereich

www.tredition.de

© 2019 Horst-Peter Sadewasser

Umschlag, Illustration: Bernhard Kluge

Verlag & Druck: tredition GmbH, Halenreie
40-44, 22359 Hamburg

ISBN

Hardcover   978-3-7482-6318-0
e-Book   978-3-7482-6319-7

Vorwort

Dies Büchlein ist

speziell geweiht

all jenen, die in

schwerer Zeit

nach Schleifen, Hebeln

oder Bohren

nie haben den

Humor verloren.

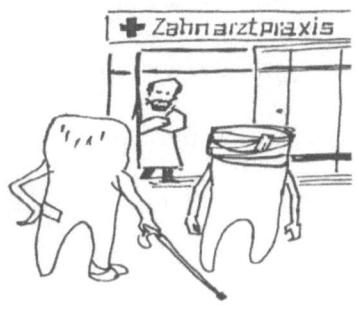

Geschichte der Zahnmedizin

Eine der jüngsten Schuldisziplin

ist wie man weiß die Zahnmedizin.

Nicht mehr als 100 lehrende Jahre

kommen bei ihrer Betrachtung in Frage.

Alles was vorher im Munde geschah

stellte kaum eine Wissenschaft dar.

Schmerzendgeprüft ließ man sich betören

eilte zu Bader und zu Frisören.

Zähneausreißer, so nannte man sie

auf den Jahrmärkten fehlten sie nie.

Marktschreierisch, mit Zangen und Hebel

rissen sie Zahn um Zahn aus dem Schädel.

Und war schließlich der Letzte gefunden

wurde aus Draht 'ne Prothese gebunden.

Ohne sie einzuartikulieren

glichen die Menschen nun wilden Tieren.

Wenn auch die Ängste noch in uns bestehen

ist kein Vergleich zu frühe zu sehen.

Längst haben Technik und Wissenschaft

dies' praktizieren abgeschafft.

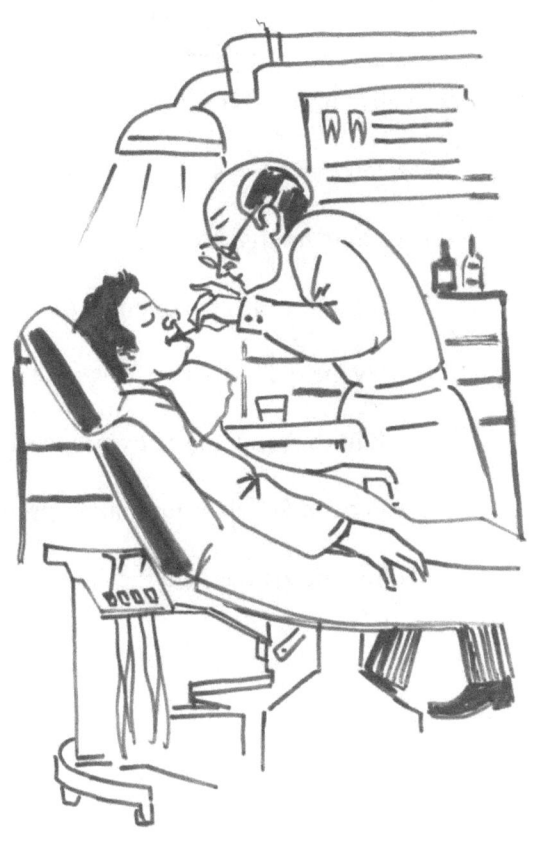

Profanes

Wie viele haben das schon versprochen

sie seien ehrlich bis auf die Knochen?

Besonders häufig dringt diese Kunde

aus reifen und erhabenen Munde.

Doch wehe dem, man prüft was ist...

kam hält es Stand, das Schwurgerüst.

Bereits beim Reden kann man erlesen

Schon die Zähne sind Prothesen.

Ehrfürchtiges

Liegst du flach im grellen Schein,

Mund geöffnet, Augen klein

bist du hingegeben ganz

einer göttlichen Instanz.

Dialektisches

Wird die Spritze aufgezogen

und die Angst schlägt hohe Wogen

kommt der Wille zur Hygiene

viel zu spät für deine Zähne.

Reinliches

Ein Leitspruch ist von Dr. Rein:

Erfolg, der muss zu sehen sein!

Denn nur was man vor Augen hält,

das hat Gewicht in dieser Welt.

So wurde, was er bauen ließ

ein zahnärztliches Paradies

mit blumenreichen Wartesaal,

mit Sprechzimmern, gleich zwei der Zahl.

Mit Wänden, farbenfroh tuschiert

wodurch man seine Scheu verliert.

Sogar sein ganzes Temperament

ist abgestimmt auf den Patient.

Doch leider, leider, wo viel Licht

da ist auch Schatten, man sieht's nur nicht.

Bei der Hygiene, schweig fein sacht

werden beide Augen zu gemacht.

Wissenschaftliches

Steig der Druck des Bohrers munter

geht der Blutdruck oftmals runter.

Sind die Bonbons längst vergessen

ist die Caries noch beim Fressen.

Bringt ein tiefer Schmerz dir Not,

ist die Pulpa oft schon tot.

Was ganz gewiss nicht beißen kann

ist hinterm Zaun der Löwenzahn.

Liegt der Zahn im Zahnbett frei,

ist's mit seiner Ruh' vorbei.

Klappern die Dritten zur Abendstund',

liegt es vermutlich am Zahnfleischschwund.

Eine entzündete Pulpa bringt selbst

stählerne Nerven zum Schmelzen.

Dem Milchzahn wird sein Bleiben sauer,

liegt der Nachfolger auf Lauer.

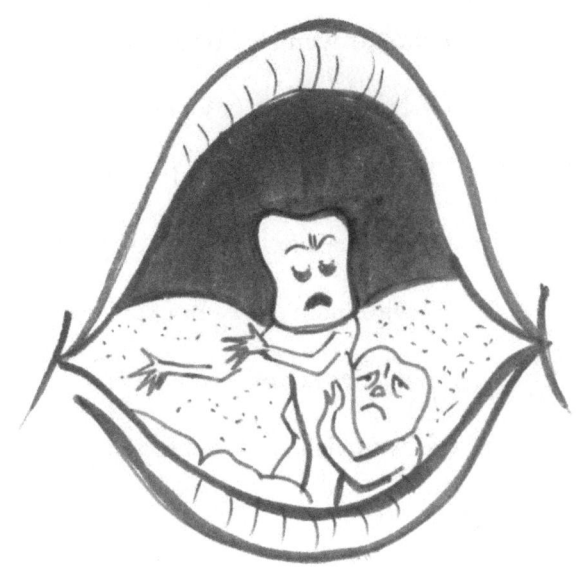

Überflüssiges

Der Speichelfluss wird aktiviert

nicht nur wenn Schönes man visiert,

im Gegenteil; besonders doll

fließt er, hat man die Hosen voll.

Zum Beispiel, wo es oft passiert

wir einem das Gebiss saniert.

Ein jeder kennt' s zum Überfluss

was wahrlich gar nicht so sein muss.

Tierisches

Steh' n dem Hai die Zähne schief,

schwamm er offenbar zu tief.

Irreparables

Wenn ein Zahn den Schmerz verliert

ist sein Nerv meist exstirpiert,

oder ward' mit kühnem Bogen

samt dem Zahn herausgezogen.

Überstandenes

Ist der Zahn erst konserviert

das man seinen Schmerz verliert,

kehr' n zurück an' s Tageslicht

Mut und Freude im Gesicht.

Psychologisches

Das Liebesglück kommt auf den Hund

stützt kein Zahn mehr deinen Mund.

Tropft der Zahn am dampfenden Herd

ist der Vorsatz zu fasten nichts wert.

Bleibt die Füllung in dem Essen

wirst du' s sobald nicht vergessen.

Ist im Wartesaal Geschrei

ist der eig' ne Schmerz vorbei.

Stützt kein Zahn mehr deine Kiefer

sinkt dein Ansehen langsam tiefer.

Fletscht dein Schoßhund seine Zähne

bist du bald mit ihm alleene.

Liegt die Prothese extraoral

hebt es die Stimmung im, ganzen Saal.

Singt die Turbine, begleitet vom Schrei

ist der Wille zum Warten vorbei.

Besser liegt' s sich auf 'ner Nessel

als im schönsten Zahnarztsessel.

Empfindlichkeit ist vorbestimmt,

sofern es nicht die Zähne sind.

Klappert im Munde dein Gebiss,

ist es vor Kälte oder vor Schiss.

Entartetes

Manchmal wird erst extrahiert

und danach analysiert.

War er's oder war er's nicht,

kam der Richtige an 's Licht?

Kein Problem, war er gesund

geht's dem Nächsten auf den Grund.

Und sollt' all das Therapieren

irgendwann den Sinn verlieren

kann man dieses Lückenwandeln

noch als Kunstfehler behandeln.

Weises

Sitzt der Weisheitszahn sehr lose

und man stopft an Kraut sich satt,

geht mitunter in die Hose

alle Weisheit die man hat.

Selbstheilendes

Siehst du bereits das Praxisschild

ist oft der Drang zum Arzt gestillt.

Vorbei ist, was du durchgemacht

an Höllenqualen in der Nacht.

Gib acht, ertönte ZH* Gretchen,

dein Zahn hängt nur am seid' nen Fädchen!

*Zahnarzthelferin

Der Zahn der Zeit

Fällt das erste Zähnchen aus

zeigt man's stolz im ganzen Haus,

legt es liebevoll und fein

in ein kleines Kästchen rein.

Nach der zweiten Dentition

wertet man das anders schon,

wenn man mit geschwoll'ner Wange

sieht das Zähnchen in der Zange.

Erst im losen Zahnersatz

sieht man wieder einen Schatz

den man für die Tageszeit

wohlumsorgt hält kauberelt.

# *Widersprüchliches*

Obwohl man und das seit Erdenken

sich ließ nur Süßigkeiten schenken,

die man aus vollem Herz begehrte

und dementsprechend oft verzehrte,

fällt Zahn um Zahn einen auf Dauer

das süße Leben plötzlich sauer.

Technisches

Ist im Mund nur noch ein Zahn

kommt beim Putzen man gut ran'.

Ist verschluckt das gold' ne Krönchen

gibt's im Topf ein edles Tönchen.

Im Sprechzimmer ist übel dran

der kein Wort mehr sprechen kann.

Fehlt es an der Mundhygiene

kommen Haare auf die Zähne.

Ist frontal die Schönheit nieder

die Fassette bringt sie wieder.

Erschlaffen deine intimsten Gefühle

hatte die Spritze 'ne zu lange Kanüle.

Patientengehabe

Der Wartesaal ist oft gefragt

als Ort, wo man sein Leid beklagt,

wo ungezwungen wird erzählt

was einem so an Schmerzen quält.

Auch was beim Doktor an know how

zu sehen ist, wird sehr genau

bis ins Detail analysiert

und dementsprechend eintaxiert.

Mitunter hört man ganz empört:

Auf mich hat der noch nie gehört

und was der alles so anstellt…

der krumme Hund, will nur mein Geld!

Doch kaum man ihm zu Händen liegt

ist aller Worteschwall versiegt.

Ganz klein i8st nun und unscheinbar

der Mund, der so voll Größe war.

Erwiesenes

Zeigen sich die ersten Weißen,

heißt es: sich nun durchzubeißen.

Denn fortan wird es im Leben

kaum noch Mundgerechtes geben.

Sondiertes

Fühlst du dich besonders stark,

hart und furchtlos bis ins Mark

zeigt der Irrtum sich spontan

prüft die Sonde deinen Zahn

Verlorengegangenes

Die Kunst zu heilen und zu kurieren

liegt nicht allein im Instrumentieren.

Was nützt die Fülle an Instrumenten

fehlt' s an Gespür für die Patienten.

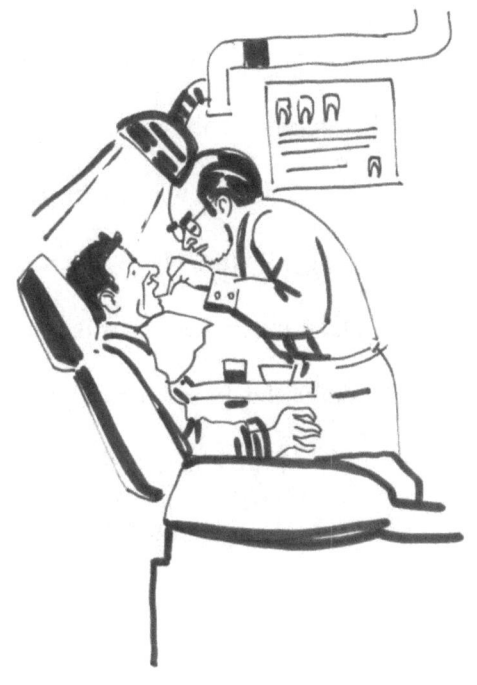

Ärztliches

Manch' Arzt ist von sich eingenommen

kaum das Menschen zu ihm kommen

denen er, wie ein Prophet

sagen kann, wie 's ihnen geht.

Doch muss er mal zur Behandlung

tief vollzieht sich eine Wandlung.

Er im Stillen sich besinnt

das Ärzte auch bloß Menschen sind.

Bissiges

Die schmerzlichsten von allen Bissen

Sind die Bisse vom Gewissen.

Psychodramatisches

Wird den Fresstrieb man nicht los

ist die Scheu vor 'm Zahnarzt groß.

Was wird sein, sollte er bohren?

ist die Welt dann schon verloren?

Denn man hat es nicht vergessen:

zwei Stunden darf man nichts essen.

Vergängliches

Siehst du im Spiegel dein Gesicht

von dem du glaubst, das kennst du nicht

wird dir bewusst, es ist soweit

an dir da nagt der Zahn der Zeit.

Additives

Beim Zähneputzen sollte man

sich Zeit lassen, soviel man kann.

Denn sind die Dritten erst bestellt

die kosten außer Zeit noch Geld.

MIX

Papier | Fördert
gute Waldnutzung

FSC® C083411

Zeitfracht Medien GmbH
Ferdinand-Jühlke-Straße 7
99095 Erfurt, Deutschland
produktsicherheit@kolibri360.de